Made in the USA
Monee, IL
15 April 2021

65878640R00068